BEI GRIN MACHT SICH IHR WISSEN BEZAHLT

Bibliografische Information der Deutschen Nationalbibliothek:

Die Deutsche Bibliothek verzeichnet diese Publikation in der Deutschen National-
bibliografie; detaillierte bibliografische Daten sind im Internet über http://dnb.d-
nb.de/ abrufbar.

Impressum:

Copyright © 2001 GRIN Verlag, Open Publishing GmbH
Druck und Bindung: Books on Demand GmbH, Norderstedt Germany
ISBN: 9783638956314

Dieses Buch bei GRIN:

http://www.grin.com/de/e-book/1302/interpretation-thomas-mann-der-tod-in-
venedig

Saskia Dams

Interpretation: Thomas Mann - Der Tod in Venedig

GRIN Verlag

GRIN - Your knowledge has value

Der GRIN Verlag publiziert seit 1998 wissenschaftliche Arbeiten von Studenten, Hochschullehrern und anderen Akademikern als eBook und gedrucktes Buch. Die Verlagswebsite www.grin.com ist die ideale Plattform zur Veröffentlichung von Hausarbeiten, Abschlussarbeiten, wissenschaftlichen Aufsätzen, Dissertationen und Fachbüchern.

Besuchen Sie uns im Internet:

http://www.grin.com/

http://www.facebook.com/grincom

http://www.twitter.com/grin_com

DER TOD IN VENEDIG

Saskia Dams

1. Novelle - Eine Definition

(von ital. *novella* "kleine Neuigkeit")

Die Novelle ist seit der Renaissance Bezeichnung für eine kürzere Erzählung e-pisch dramatischen Charakters in Prosa, seltener in Versform.

Goethe gab eine knappe, normsetzende Novellen - Definition ab: "was ist eine Novelle anderes als eine sich ereignete unerhörte Begebenheit" - so wertete er auch in der Altersdichtung "Novelle" (1828) die Gattung auf. Die Romantik mit ihren Vertretern Armin, Brentano, Eichendorff vertrat diese "unerhörte Begebenheit" im Mittelpunkt.

Der Theoretiker der Novelle war Paul Heyse (1830 - 1914). Seine sogenannte Falkentheorie verlangt, dass "von einer echten und gerechten Novelle ein seelisches oder geistiges Problem in einem kräftig begrenzten Fall zum Austrag gebracht werden soll." Die Novelle müsse eine starke, deutliche Silhouette haben und Mittelpunkt ein symbolisches Leitmotiv wie den Falken bei Boccaccio im *Decamerone*.

Die großen Erzähler des Realismus waren die Schweizer Gotthelf, Keller und Meyer und die aus dem deutschen Norden stammenden Freytag, Storm, Raabe und Fontane.

Die Blüte der Novelle hielt über das gesamte 19. Jh. hinweg an.

Die inhaltliche und formale Vielfalt verstärkte sich im 20 Jh. Restaurative Tendenzen (Ernst, Binding) stehen eigenständigen Ausformungen (Mann, Musil, Seghers, Hermlin) gegenüber.

Die Novelle berichtet Neuigkeiten als ein real vorstellbares Ereignis oder als eine Folge einzelner Ereignisse. Sie entfaltet sich über einem zentralen Konflikt, der inhaltlich meist das Außergewöhnliche oder Neuartige mit dem Gewohnten konfrontiert. Geschildert wird meist eine Einzelsituation, die für die Betroffenen eine Schicksalswende bedeutet. Dabei sind nicht die Personen, sondern das symbolhafte Geschehen wichtig. Dies wird ohne große Einleitung, Ausmalung oder Erörterung zielstrebig und straff wie im Drama auf den Höhe - oder Wendepunkt geführt.

Im Mittelpunkt der expressionistischen Literatur stand der in seiner Vereinzelung auf sich selbst zurückgeworfene, verstörte Mensch, dessen Probleme als

isolierter Fall Gewicht bekamen. Daraus erwuchs das Bedürfnis, gesteigertes seelisches Erleben zu gestalten: kritisch groteske oder ethisch utopische Schau,
Traum, Entzückung, Rausch und Wahn; dem Wesen nach Selbstenthüllungen, die,
statt äußere Wirklichkeit abzubilden, diese in Spiegelungen der Innenwelt ver-
wandelten. Das geschah in einer auf Eindringlichkeit zielenden Sprache, die einer-
seits um wuchtiger Prägnanz willen vereinfachte, und verkürzte, andererseits ihre
Überredungskraft ballte, indem sie Bilderfluchten und Parallelismen in pathetisch
oder rhythmisch bewegten Steigerungen häufte. Die literarische Ausdruckskunst
konnte sich daher in der Lyrik und im Drama leichter entfalten als in der Epik,
die, zumal in der Großform Roman, eher die im Realismus übliche objektivere
Ordnung, Breite und Gelassenheit nahe zulegen schien. Nicht zufällig also bevor-
zugten die eigentliche Expressionisten kleinere Erzählformen.

2. Entstehung von „Der Tod in Venedig"

Die Erzählung *Der Tod in Venedig* entstand im Frühjahr 191 1, zunächst als an-
spruchslose, »rasch zu erledigende Improvisation und Einschaltung« in die Arbeit
an den *Bekenntnissen des Hochstaplers Felix Krull* Auf dem Lido bei Venedig
konzipiert, entwickelte sich die Novelle im Lauf ihrer etwa einjährigen Entste-
hungszeit zu einem höchst beziehungsreichen, vielfältig deutbaren und gedeuteten
Hauptwerk Thomas Manns, das sein vor dem Ersten Weltkrieg liegendes erzähle-
risches Werk - auch als eine Art "Selbstgericht" abschließt.
Der ersten Konzeption der Novelle ging aber ein anderer, in dieser Form nie ver-
wirklichter Plan voraus: Im 9. Notizbuch findet sich unter der Rubrik »*Novellen,
die zu machen*« der Arbeitstitel *Goethe in Marienbad*, Thema dieser Novelle sollte der plötzliche "Einbruch der Leidenschaft" in eine scheinbar gesicherte Existenz, die »Entwürdigung eines hochgestiegenen Geistes" sein- Dass nicht Goethe
der Held der geplanten Novelle wurde, lag jedoch weniger an einer Art heiliger
Scheu, zu der Thomas Mann später seinen Verzicht stilisierte, als vielmehr an der
Intention, mit der Entwürdigung auch die Korrumpierung des Künstlers und seinen Untergang zu gestalten. Daher die Erfindung des Schriftstellers Gustav von
Aschenbach, der äußerlich »die leidenschaftlich strengen Züge« Gustav Mahlers
trägt, dessen Tod Thomas Mann während seines Aufenthaltes auf Brioni im Mai

1911 in den Zeitungen »schrittweise miterlebte«. Zu den Zügen Mahlers gesellen sich neben Anklängen an PLATEN und WAGNER autobiographische Anspielungen: Aschenbachs Wohnung in München, sein früher schriftstellerischer Ruhm, der Hang zur Repräsentation und »Leistung«, schließlich die misslungene, fluchtartig angetretene Reise auf eine Insel vor der istrischen Küste und die Fortsetzung der Reise auf dem Lido, vor allem aber Aschenbachs Werke, die »*Prosa-Epopöe vom Leben Friedrichs von Preußen*«, Erzählungen wie »*Maja*« und „Ein Elender", daneben *eine*»*Abhandlung über Geist und Kunst*« - Projekte, die Thomas Mann selbst verfolgte, ohne sie gänzlich auszuführen.

3. Gesamtwerkszusammenhang mit „Der Tod in Venedig"

"Der Tod in Venedig" nimmt in der Werkgeschichte Thomas Manns eine zentrale, eine Art Schnittpunktstelle ein. Hier klingen Probleme früherer Werke an, und gleichzeitig kündigen sich die des zweiten Hauptwerks "Der Zauberberg" an. Das Todes- und Auflösungsmotiv aus „Buddenbrooks" und „Tristan" verbindet sich hier mit der Problematik des Dichters aus "Tonio Kröger". - Wenn Kröger seine Dichterexistenz mit Ironie und Wehmut vor dem

Zusammenstoß mit dem Leben bewahrt, so wird der Held der Venedignovelle, der Schriftsteller Gustav Aschenbach, von ähnlichen, aber elementareren Erlebnissen vernichtet. Es spielt sich das tragische und groteske Schauspiel ab, dass dieser strenge und zuchtvolle Künstler der Mächten der Auflösung anheimfällt - und der Titel der Erzählung "Der Tod in Venedig" fasst bereits die vielfältigen Aspekte in sich, die das Motiv der Auflösung enthält.

Die realsymbolische Kunst Thomas Manns erreicht hier einen Höhepunkt, in noch tiefere Sinnschichten hinein als bisher in dieser Periode, und zum erstenmal dringt das Symbolische, zu mythischen Bezirken vor.

Vergleicht man den *Tod in Venedig* mit anderen, früheren Erzählungen Manns, so lässt sich feststellen, dass tatsächlich eine konsequent verlaufende Entwicklung hier zunächst ihren

Fortgang nimmt: der Typ des autobiographisch gesehenen Helden, des Künstlers, steigt in seiner sozialen Stellung und wird sicherer in seinem Selbstbewusstsein. Im *Tod in Venedig* hat er eine sehr hohe Stufe erlangt. Gleichzeitig zeigt die Erzählung aber eine Regression zu einer ganz frühen Stufe der künstlerischen Selbsteinschätzung: aus dem Zweifel an der Richtigkeit der eigenen Existenz wird ein Alptraum. Inhalt dieses Traums ist die Bedrohung des künstlerischen Ichs durch das Sinnlich-Körperliche, das Leben. Diese Gefahr erweist sich als tödlich, der Held geht an ihr zugrunde.

Es ist Thomas Manns eigener Weg - von der Lyrik zur Prosa, von der "Jugendproblematik' zur "wachsenden Würde", weg von Skepsis und Erkenntnisfeindschaft.

4. Inhalt

Die Novelle *Der Tod in Venedig* zeigt, wie Realitätsverbundenheit und ernste Verpflichtung unversehens in Traum, Rausch und Trance abgleiten können, wie humangesittete Begrenzung durch die Faszination des Schönen gesprengt wird. Angeregt durch die seltsame Gestalt eines fremden Reisenden auf dem Münchner Nordfriedhof, begibt sich Gustav von Aschenbach, ein selbstdisziplinierter "Moralist der Leistung" und erfolgreicher Schriftsteller mit gesicherter Existenz, nach Venedig um sich von seiner entbehrungsreichen Arbeit zu erholen. In der heiteren, aber bereits von Cholera, durchseuchten Stadt begegnet er dem schönen polnischen Knaben Tadzio, der ihm wie eine Apotheose erscheint. Aschenbach erkennt seine Neigung, ist jedoch nicht fähig und willens sich dagegen zu wehren. Den vergötterten Knaben im Blick stirbt der an Cholera erkrankte Dichter am Strand. Todesboten kundigen allenthalben den tragischen Untergang einer bürgerlichen Existenz an: ein unheimlicher Reisender in München, ein Gondoliere mit schwarzer Barke, ein geschminkter Greis und vor allem der kränklich-schöne Tadzio.

5. Aufbau

Der Ablauf der Erzählung ist nicht identisch mit dem Ablauf der beschriebenen Handlung. Nach epischer Tradition begibt sich der Autor im ersten Kapitel in medias res und zeigt den Helden in der Krise bis zu dem Entschluss, auf Reisen zu gehen. Das zweite, fast ebenso lange Kapitel beschreibt in einem Rückblick A-schenbachs Künstlertum vor dieser Krise. Das dritte Kapitel ist wesentlich länger. Es stellt die Reise des Helden und seine Begegnung mit Tadzio dar. Dann ent-sprechen sich der Ablauf der Handlung und der Erzählung bis zum Schluss. Das vierte Kapitel zeigt die positiven, das fünfte Kapitel die negativen Auswirkungen des Liebeserlebnisses auf Aschenbach sowie seinen Tod.

6. Erzählperspektive / Stil

Der Grund für das große Aufsehen, das die Erzählung beim Publikum erregte der ernste Ton, der "Meisterstil' voller Parodie und Ironie, war zugleich auch die Ur-sache für viele Missverständnisse.

Zwar schreibt der Autor in der dritten Person, gibt sich also den Anschein, als Erzähler über den Dingen zu stehen und sie von diesem übergeordneten Gesichts-punkt zu betrachten. Es lässt sich aber feststellen, dass außer der Vorgeschichte im zweiten Kapitel alles aus Aschenbachs Perspektive gesehen wird. Damit wird Aschenbach zur zentralen Gestalt, ja geradezu zum Medium der Erzählung.

Die Entsprechungen zwischen den einzelnen Sätzen oder Kapiteln haben klassi-sches Maß.

Nichts ist dem Zufall oder auch nur dem Einfall überlassen, Notwendigkeit und Unerlässlichkeit sind das bestimmende Gesetz; Entbehrliches ist durchweg ausge-spart- es herrschen höchste motivische Klarheit und Einfachheit.

Strukturanalytisch gesehen, bildet diese melancholisch-skeptische Tragödie des Künstlers eine abfallende Linie. Sie strebt einer steigenden Strukturlinie des ver-lebendigenden Mythos entgegen und birgt deshalb einige Symbole und antike Leitmotive, die auf zwei Ebenen miteinander verschmelzen.

7. Interpretation: Phasen des Daseins

Untersucht man den Ablauf der Handlung, so lässt sich feststellen, dass Aschen-bach in mehreren aufeinanderfolgenden Phasen seines Daseins gesehen wird. Die erste Phase zeigt ihn in seinem unangetasteten Dasein als anerkannten, berühmten

Schriftsteller und vorbildlichen Stilisten. Die zweite Phase zeigt ihn in einer Situation der Krise- er ist überreizt und erschöpft. Hierauf folgt eine Phase der Reise bzw. der Flucht. Die Begegnung mit Tadzio bildet eine weitere Phase, die in sich wieder unterteilt ist in verschiedenen Stadien der Liebe zu Tadzio (vom künstlerischen Interesse bis zum Rausch).
Die letzte Phase zeigt Aschenbachs Entwürdigung und Untergang.

a. Vor der Krise

Das zweite Kapitel der Erzählung, in dem die Künstlerpersönlichkeit Aschenbachs vor der Krise dargestellt wird, ist trocken und spröde. Insbesondere die Lebensweise Aschenbachs und seine Selbsteinschätzung sind wichtig; denn in ihnen zeigen sich die Ansatzpunkte für eine Motivation der späteren Krise.
Aschenbachs Künstlerleben ist geprägt von der *Zucht*. Das Wort *Zucht* bringt eine sehr intensive, beinahe rigorose Bewegung zum Ausdruck. Etwas natürlich Gegebenes wird durch Zucht nachträglich und bewusst verändert. Zu dieser Änderung ist unter Umständen große Energie notwendig. Aschenbachs Natur war von nichts weniger als robuster Verfassung und zur ständigen Anspannung nur berufen, nicht eigentlich geboren. Aschenbach zwingt sich also gegen seine Natur zur ständigen Anspannung. Am Ende des ersten Kapitels heißt es, er sei belastet von *der Verpflichtung zur Produktion.* Die Anspannung dient also der
Literarischen Leistung.
Aus der Qual seines Daseins schwingt sich der Künstler mit Hilfe seiner Kunst auf *zur Herrschaft im Reiche der Schönheit,* zum "Künstleregoismus". Zu diesem Aufschwung, der zu einer Verwandlung des Künstlers führt, sind Willensdauer und Zähigkeit nötig, die Bereitschaft hierzu ist ein Heroismus, der Künstlerheld, wenn er dies erreichen will, ist ein Moralist der Leistung, sein Weg ist der Aufstieg zur Würde. Und doch ist dieser Heros, eben weil er sich mit Willensdauer und Zähigkeit immer anders gibt, als er von Natur aus beschaffen ist, der geborene Betrüger. Auch ein Held kann diesen Betrug nicht immer aufrechterhalten, zwar ist Aschenbachs Lieblingswort *Durchhalten,* zu Anfang der Erzählung ist er *jedoch ermattet von den Strapazen ... der eigentlichen Arbeit* und spurt *wachsende Müdigkeit.*

Vom Publikum, d. h. den Mengen, die *einem Kunstwerke Ruhm bereiten*, heißt es: *aber der eigentliche Grund ihres Beifalls ist ein Unwägbares, ist Sympathie.* Diese Sympathie ist wichtig. Der Autor stellt zwar seine persönliche Problematik dar, ein bedeutendes Kunstwerk wird jedoch erst daraus, wenn eine solche Sympathie zu erkennen ist, wenn das individuelle Schicksal des Künstlers ein Modell für das allgemeine Schicksal abgibt. Diese Entwicklung vom "Künstleregoismus" zur Sympathie und Übereinstimmung zeigt Mann auf: Auf Grund dieser Entwicklung vom Individualistischen zum Sozialen ist es dann möglich, dass Aschenbachs Kunst sich ins Mustergültig-Feststehende wandelt.

Der Künstler Aschenbach zeigt einen seltsam verschlungenen Charakter. Sein ursprünglicher Künstleregoismus führt zur Anspannung aller Kräfte, diese zur künstlerischen Produktion. Die stilisierte Darstellung der eigenen Problematik in der Kunst erweckt Sympathie, andere erkennen sich darin wieder, finden sich *bestätigt, erhoben, besungen darin*, was den Künstler verpflichtet und zu noch größerer Anspannung anstachelt. Aber die Tatsache, dass diese schöne, vorbild- und modellhafte Kunst nur durch äußerste Zucht und Verdrängung des natürlich Gebenden zustande kommt, zeigt ihre Fragwürdigkeit auf. Der Künstler selbst weiß, dass er letztlich ein Betrüger ist.

b. In der Krise

Mit äußerster Anspannung richtet der Künstler Aschenbach sein ganzes Leben darauf aus, die literarische Produktion in Gang zu halten. Zu diesem Zweck ist Genauigkeit des Willens nötig, dagegen wurde das Gefühl gezügelt und erkältet. Ein solches despotisch bestimmtes Missverhältnis in der Seele, in der ein Teil den anderen absolut beherrscht und unterdrückt, muss zu Reaktionen führen. Im Falle Aschenbachs versagt das Gefühl jeden weiteren Dienst in der Knechtschaft, wodurch die Produktion insgesamt ins Stocken kommt. Aschenbach fühlt sich gelähmt durch *Skrupel der Unlust und durch nichts mehr zu befriedigende Ungenügsamkeit.* Gleich der zweite Satz der Erzählung zeigt den Künstler als *überreizt von der schwierigen ... Arbeit. So hatte er bald nach dem Tee das Freie gesucht, in der Hoffnung, dass Luft und Bewegung ihn wiederherstellen und ihm zu einem ersprießlichen Abend verhelfen würden.* Aber diese kleine Flucht von der Arbeit an die Luft bringt keine Kraft und kein Erstarken des Willens, denn die Luft die

Aschenbach atmet, ist nicht frisch, sondern *dumpfig wie im August*, sie führt den Helden geradewegs in die Krise, verstärkt seine Mattigkeit und verführt ihn zur Träumerei.

Traum und Wirklichkeit

Der Begriff *Träumen* für das Erleben Aschenbachs in der Krise ist sehr wichtig, er tritt immer wieder auf. Eigentlich träumt Aschenbach seinen *Tod in Venedig* nur. Vielleicht lässt sich hieraus erklären, dass fast das gesamte Geschehen der Erzählung sich auf zwei Ebenen abspielt, der „realistischen" und der „symbolischen" Ebene. Es wäre recht reizvoll, das Geschehen auf der realistischen Ebene als „manifesten Trauminhalt" und seine Hintergründigkeit – symbolische Ebene – Als „latenten Traumgedanken" (beide Begriffe im Sinne Freuds) zu interpretieren. Eine solche, an Freud orientierte Interpretation würde zu dem Ergebnis kommen, dass die verdrängten Ansprüche des Gefühls und Empfindens im Traum durchbrechen, allerdings durch die Traumarbeit entstellt werden (daher zwei Ebenen). Der Traum muss einen schlechten Ausgang nehmen; dieser Ausgang ist die Selbstbestrafung des Träumenden dafür, dass er sich die Auflehnung gegen *Zucht und Willen* erlaubt hat.

Ihm war, als lasse nicht alles sich gewöhnlich an, als beginne eine träumerische Entfremdung, eine Entstellung der Welt ins Sonderbare um sich zu greifen. Schattenhaft sonderbare Gestalten....gingen mit unbestimmten Gebärden, mit Traumworten durch den Geist des Ruhenden, und er schlief ein. Der Einbruch des Traumhaften zeigt, wie weit Aschenbach an diesem Punkt der Erzählung von *Zucht und Genauigkeit des Willens* entfernt ist. In der Gondel schwelgt er in *einer so ungewohnten als saßen Lässigkeit* und wünscht sich, diese Fahrt *möchte ... immer währen.* Auch hier zeigt sich die Ausdrucksweise tragischer Ironie. Die Gondeln waren gerade vorher mit Särgen verglichen worden. Aschenbachs Wunsch wird sehr bald in Erfüllung gehen.

Tod und Visionen

Träumend und zerstreut nimmt Aschenbach die Gegenwart eines Fremden wahr

Auf *realistischer Ebene* zeigt sich dieser Fremde als ein Reisender oder Wanderer, auf *symbolischer Ebene* ist er die Verkörperung des Todes. Entsprechend zum Auftritt dieser Gestalt ist der Ort der Handlung gezeichnet: Aschenbach ist gerade an Steinmetzereien und am Friedhof vorbeigegangen, er befindet sich im Bereich des Todes. An den Schaltstellen der Novelle stehen allegorisierende Konfigurationen des Todes, die jedoch nie aus dem realistischen Handlungsgefüge herausfallen. Der fremde Reisende vor dem Münchner Nordfriedhof, der Aschenbachs pathologische,»*ins Leidenschaftliche, ja bis zur Sinnestauschung*« gesteigerte Reiselust weckt, der betäubend geschwätzige Schiffsoffizier, der jung geschminkte Greis auf dem Schiff, der finstere Gondoliere, der Straßensänger auf dem Lido und schließlich jener antik-schöne, doch kränkliche Polenknabe Tadzio als Hermes Psychagogos: Sie alle haben für den Leser eine vorausdeutende Funktion, Aschenbach führen sie immer tiefer in das ausweglos-einsame Abenteuer der Entwürdigung und der tödlichen Krankheit.

Eine Sinnestäuschung in Form einer Vision lässt vor Aschenbach das Bild einer exotischen Welt entstehen, die von Chaos und Eros geprägt ist *(tropisches Sumpfgebiet, geiles Farrengewucher)*, sie entspricht der griechischen Vorstellung, einer Urweltwildnis. Aschenbach fühlt bei ihrem Anblick *sein Herz pochen vor Entsetzen und rätselhaftem Verlangen.*

Aschenbach, der geborene Betrüger, negiert seine Reiselust nicht, er verdrängt sie nicht einmal, aber er schätzt sie falsch ein, indem er sie verharmlost, und betrügt, sich damit selbst. Die Schwäche des Willens, der Aufruhr der geknechteten Empfindung, der ihn leidenschaftlich heftig, bis zur Sinnestäuschung, überfällt, wird als Reiselust abgetan und der literarischen Produktion untergeordnet. Hier täuscht und überschätzt sich Aschenbach. Die Darstellung seiner Gedanken ist ironisch, allerdings im Sinne der tragischen Ironie. Die Gefahr ist in der Vision schon durch die Beschreibung des *kauernden Tigers* angedeutet.

Allerdings gibt Aschenbach sich auch in Venedig noch immer nicht ganz der *saßen Lässigkeit* hin. Immer wieder versucht er all das, was ihm auf so fremdartige Weise begegnet, Verbindung zu bringen mit seinem Wollen, seiner Aufgabe und seiner Existenz als Künstler. Dies geschieht manchmal im Nebensächlichen, so z.B. wenn die Einsamkeit des Schönen mit der Einsamkeit des *Absurden und Unerlaubten* gleichgesetzt wird. Eine solche Verbindung des Künstlerischen mit dem Unsittlichen, wurde schon weit vorher scheinbar beiläufig erwähnt. Das Bemühen Aschenbachs, das Neue, Fremde, Unheimliche mit dem Bekannt und Gewollten zu verbinden, wird in der Begegnung mit Tadzio noch deutlicher.

c. Begegnung mit Tadzio

Im ersten Augenblick ist man leicht schockiert oder zumindest doch überrascht. Ursache der Überraschung ist der Kontrast zwischen der Erscheinung Aschenbachs im ersten Teil der Erzählung und seinem Verhalten nach der Begegnung mit Tadzio. Man erwartet eine solche Wandlung, wie Aschenbach sie zeigt, nicht. Es ist klar, dass das homoerotische Erlebnis Aschenbachs im Vordergrund des Interesses steht. Bezieht man beide Gestalten, Aschenbach und Tadzio, in die Betrachtung ein, so wir sich bald herausstellen, dass über Tadzio nicht sehr viel auszusagen ist. Natürlich ist er schön, man erfährt sogar Einzelheiten seines Aussehens. Zugleich aber wirkt er blass und etwas kränklich, das trübt das Gesamtbild jedoch keineswegs. Häufig wird er im Zusammensein mit seiner Familie und seinen Spielkameraden gezeigt.

Aber in all dem liegt nichts Besonderes. Alles Wesentliche, was sich über ihn aussagen lässt, ist eigentlich nicht Bestandteil seiner Persönlichkeit, sondern wird nur von Aschenbach in ihm gesehen.

Ebenso wie Aschenbach sich bei der Beurteilung seiner *Reiselust* täuscht und beträgt, irrt er sich anfangs auch bei der Einschätzung der Wirkung, die Tadzio auf ihn ausübt. In seiner Einstellung zu Tadzio lässt sich allerdings eine deutliche Entwicklung erkennen.

Als Aschenbach die vollkommene Schönheit Tadzios zum erstenmal bemerkt, ist er erstaunt. Die Wirkung Tadzios ist groß, aber nicht überwältigend. Aschenbach wird durch sie zu Gedanken über die menschliche Schönheit angeregt, die er jedoch als *schal und untauglich* verwirft. Er erwägt seine Abreise wegen des ungesunden Wetters. Gleich beim ersten Auftreten Tadzios wird eine Verbindung zur antiken Griechenland hergestellt.

Am nächsten Morgen vermisst Aschenbach den Jungen zunächst beim Frühstück. Er bezeichnet ihn als Phaaken und zitiert aus der Odyssee. Als Tadzio schließlich erscheint und Aschenbach sein Profil zuwendet, *erstaunte dieser [Aschenbach] aufs neue, ja erschrak über die wahrhaft gottähnliche Schönheit des Menschen-*

kindes. Die Steigerung der Wirkung, die Tadzio auf Aschenbach ausübt, ist augenfällig. Das Motiv Griechenland erscheint und wird immer stärker. Griechisch empfunden ist schon das Attribut *gottähnlich* für die Schönheit des Jungen, außerdem wird zu dem Vergleich Tadzios mit den Phäaken noch, ein weiterer Vergleich seines Kopfes mit dem *Haupt des Eros vom gelblichen Schmelze parischen Marmors* hinzugefugt. Zwar wahrt Aschenbach noch Distanz, aber diese Distanz ist eigentlich nur eine Verkleidung des Entzückens, das er empfindet.

Kurze Zeit später, am Strand, kommt es zu einer weiteren Begegnung. - Aschenbach gibt sich *einem verbotenen, seiner Aufgabe gerade entgegengesetzten und ebendarum verführerischen Hange zum Ungegliederten Maßlosen Ewigen zum Nichts hin und träumt ... ins Leere.* Der Gegensatz zu seiner Welt der Zucht und des Willens ist ihm bewusst, er zieht aber keine Konsequenzen daraus und öffnet sich der anderen Welt willig. In dieser Situation erscheint Tadzio. Aschenbach wirft das Schreibzeug beiseite, bemüht sich, Tadzios Namen zu erfahren.

Die Entwicklung, die Aschenbachs Anteilnahme am Wesen Tadzios nimmt, vollzieht sich jetzt immer schneller. Das Motiv *Griechenland* gewinnt dabei ständig stärkere Wirkung. Es greift auf den Bereich des Mythischen über und bezieht diesen mit ein. Von der Erscheinung Tadzios, der *mit triefenden Locken und schön wie ein zarter Gott* aus dem Wasser kommt, heißt es: ... *dieser Anblick gab mythische Vorstellungen ein, er war wie Dichterkunde von anfänglichen Zeiten, vom Ursprung der Form und von der Geburt der Götter.*

Noch einmal, bäumen sich Vernunft und eigener Wille auf. Die Witterung ist ungünstig für Aschenbach, er beschließt endgültig abzureisen, aber ein Zufall durchkreuzt dieses Vorhaben. Aschenbach kehrt wieder zurück ins Hotel. Bei dieser Rückkehr sind bereits deutliche Veränderungen in seiner Persönlichkeit festzustellen. Für Aschenbach, der ganz im Geistigen lebte, beginnt plötzlich Physisches wichtig und sogar vorrangig zu werden. Im Gegensatz zum vorherigen zähen und eisernen Willen, der alles natürlich Gegebene umgestalten wollte und musste, werden jetzt die *Wünsche* des eigenen Innern maßgeblich. *Die geknechtete Empfindung hat sich befreit und sogar die Herrschaft angetreten.* Statt der verkrampfen Anspannung sieht man an Aschenbach *ein öffnen und Ausbreiten der Arme ... eine bereitwillig willkommen heißende, gelassen aufnehmende Gebärde.* Hier werden das *neue Blut* und die Urwelt des Chaos, des Eros und der Zerstörung zugleich in der Schönheit Tadzios vereinigt, dessen Gegenwart für Aschenbach bald unentbehrlich wird.

Schönheit und Tod

Umrisse griechischer Götter zeichnen sich in zarten Konturen hinter konkreten und modernen Erscheinungen und Figuren ab und wenden die erlebte Wirklichkeit des Ferienreisenden Aschenbach unmerklich ins Unwirklich-Mythische. Das Geschehen, das sich an ihm vollzieht, ist der Eros in Gestalt des griechischen Eros, der Knabenliebe. Wie ein griechischer Gott erscheint vor dem Hintergrund des südlieben Meers der polnische Knabe Tadzio. Denn gerade der dunkle und geheimnisvolle Zusammenhang der Schönheit mit dem Tode wird Aschenbachs Schicksal.

Die Schönheit ist nicht nur das Signum der ästhetischen Sphäre, sie ist das Zentrum und Wesen auch der erotischen, und eben dies, dass sie beides in einem ist, Geistigkeit und zugleich Sinnlichkeit erfüllt und erregt, ist die Gefahr für den, der das Schöne und in ihm den Schonen liebt. Gustav Aschenbach erliegt der Lockung und Gefahr. Eros unterwirft ihn seiner Gewalt. Er verliert sich selbst, als nun sein ganzes Gefühl sich darauf konzentriert, dem schönen Knaben zu gefallen, ja seine geistig-moralische Auflösung geht so weit, dass er in einem Schönheitssalon sich jugendlich aufschminken lässt. Er ist in Wahrheit der Mensch, der dem Tode anheimfällt, nachdem er das Schöne geschaut.

Der Tod als Motiv der Auflösung erscheint hier als eine Variation der Auflösungsmotive in den "Buddenbrooks" und wie dort verkörpert sich das innere geistige Geschehen in realen Vorgängen. Der Tod in Venedig ist im Vordergrunde der Sinnzusammenhänge die Seuche, die auf Grund unhygienischer Verhältnisse in der Lagunenstadt ausbricht. Sie ist die reale Ursache des Todes, Aschenbachs und gleichzeitig das Symbol für die extreme Auflösung seiner Lebensform durch die sinnliche Leidenschaft. Er bleibt Tadzios wegen in der verpesteten Stadt rund fällt der Seuche zum Opfer. Als er in seinem Strandkorb am Rande des Meeres stirbt, wo Tadzio steht, erscheint es ihm "als ob der bleiche und liebliche Psychagog da draußen ihm lächle, ihm winke, als ob er, die Hand aus der Hüfte lösend, hinausdeute, voranschwebe ins Verheißungsvoll-Ungeheure". Psychagoge - so benennt hier der Dichter den Knaben; es bedeutet den Gott, der die abgeschiedenen Seelen in die Unterwelt führt: die Konturen des Gottes Hermes erscheinen hier hinter den Geschehnissen und Figuren, und wie Eros sich wandelt in den göttlichen Führer der Toten, der Schöne selbst zum Todesgott wird, das ist die wundersamste mythische Verdichtung der Platenschen Verse, in denen in der Tat der Sinngehalt dieser Novelle Thomas Manns vom Schicksal des Künstlers zusammengefasst werden kann.

d. Klimax der Mythologie

Im vierten Kapitel steigert sich der Traun, in dem Aschenbach die Pilgerfahrt zur Schönheit und die Schönheit selbst wahrnimmt, zu einem Rausch. Zunächst sind die Wirkungen der Schönheit positiv, bringen tatsächlich *neues Blut*. Aschenbach sieht in der schönen Form, die er in Tadzio erkennt, eine Parallele zu den eigenen Werken, den Produkten der Zucht und des Willens.

Die Gedanken Aschenbachs nähern sich jetzt der Platonischen Philosophie, und nicht nur sein Denken, sondern auch sein Verhalten, der Schauplatz der Erzählung und selbst ihre Sprache nehmen griechischen Charakter an. Aschenbach fühlt sich glücklich angesichts dieses sinnlich fassbaren Abbildes der reinen Vollkommenheit. Aller Krampf, alle Anspannung sind von ihm abgefallen. Neben dem neu gewonnenen Verhältnis zur Empfindung und zur Sinnlichkeit wird auch die literarische Produktion wieder möglich. Aschenbach, der den Ausgleich zwischen Sinnlichkeit und Geist genießt, scheint auf dem Höhepunkt seines Schaffens angelangt zu sein.

Aber auch dieser Gedanke erweist sich wieder als tragische Ironie. Mann lässt nach der Darstellung der Euphorie, in der sich sein Held befindet, den Leser deutlich spüren, dass es mit Aschenbachs neuer Produktivität nicht ganz geheuer ist: *Ihm war, als ob sein Gewissen wie nach einer Ausschweifung Klage führte,*

Und tatsächlich soll diese Öffnung gegenüber dem sinnlich Schönen als eine Ausschweifung gesehen werden. Die Verherrlichung des Schönheitserlebnisses ist aus der Perspektive Aschenbachs geschildert, nicht aus der des Autors. Der Autor weiß, wie Aschenbach enden wird, insofern ist die hymnisch verherrlichende Form des vierten Kapitels durchgehend ironisch gehalten. Es geht im *Tod in Venedig* nicht um eine Verherrlichung des rauschhaften Schönheitserlebnisses, das beweist der Ausgang der Erzählung. Ein solch rauschhaftes Schaffen, wie A-schenbach es in Venedig zeigt, trägt die Zeichen der Krankheit und des Todes in sich.

Im letzten Teil des vierten Kapitels erscheinen Hinweise auf den Untergang A-schenbachs. Seine Persönlichkeit verändert sich in erschreckender Weise. *Er spielte, schwärmte und war viel zu hochmütig, um ein Gefühl zu fürchten. So ließ er nun alles .. hochherzig und wirtschaftlich aufgehen in Rausch und Empfindung.* Noch einmal wird die griechische Götterwelt beschworen, Tadzio in der Gestalt des Narziss lächelt Aschenbach an und gibt so eine erste Erwiderung und ein *verhängnisvolles Geschenk.*

e. Untergang

Im fünften Kapitel der Erzählung hat sich die Auflösung der Persönlichkeit A-schenbachs vollends vollzogen. Amor ist nicht mehr der Gott, sondern der *Dämon, dem es Lust ist, des Menschen Vernunft und Würde unter seine Füße zu treten.* Und Aschenbach ist nicht mehr der Geist, der *sich huldigend vor der Schönheit* neigt, sondern ein Narr, ein alternder Knabenliebhaber, kosmetisch aufgefrischt, der seinem Liebling nachsteigt. Dass er dem Stutzer zu ähneln beginnt, dem er auf dem Schiff begegnet war, soll zeigen, wie verächtlich er jetzt zu sehen ist.

Rückgriffe auf das erste Kapitel geben der Erzählung einen Rahmen: Der Tod tritt wieder auf, Aschenbach erinnert sich an den Fremden vom Münchener Friedhof, die Vision des Urwalddickichts mit dem kauernden Tiger wird wieder angesprochen . Aus diesem Dickicht kommt die Cholera, die Venedig überfällt. - Aschenbach reist nicht ab, sondern begrüßt das Chaos, das die Krankheit mit sich bringt. *Was galt ihm noch Kunst und Tugend gegenüber den Vorteilen des Chaos.* Er erhofft sich von der allgemeinen Verwirrung eine Möglichkeit, in seiner Liebe zu Tadzio Erfüllung zu finden. *Denn der Leidenschaft ist ... die gesicherte Ordnung ... nicht gemäß.* Aber Aschenbach infiziert sich selbst, wird krank und stirbt schließlich in Unordnung und Würdelosigkeit. Allein die Tatsache, dass Tadzio, der Geliebte, es ist, der ihn ins Totenreich fährt, gibt seinem Untergang etwas Versöhnliches.

8. Deutung des Untergangs

Am Ende des vierten Kapitels klingt das typisch griechische Motiv der Bestrafung der Hochmut an. Aschenbach aber ist kein aktiver Held, seine Anmaßung, auch im Künstlerischen, wird nicht als so groß geschildert, dass man sie zum Ausgangspunkt und eigentlichen Motiv des Geschehens machen konnte. Viel eher bietet sich ein Vergleich mit einer anders gearteten Gestalt der griechischen- Mythologie bzw. Dichtung, an. Wie Ödipus wird auch Aschenbach der Weg in die Schande und in den Untergang vorgezeichnet. Als Künstler muss er notwendig diesen Weg gehen, jede eigenwillige Abweichung hiervon, so etwa der Weg zur Würde, ist *Narrentum.*

Dies legt Aschenbach seinem Phaidros in einem schwer verständlichen, von *Traumlogik* geprägten Monolog dar. Den Dichtem, so heißt es dort, ist eine *Richtung zum Abgrund eingeboren; Aber Form und Unbefangenheit, Phaidros, führen zum Rausch und zur Begierde,... und zum Abgrund auch sie.*

Der Autor selbst schränkt diese "Erkenntnis" ein, indem er sie als Produkt einer "seltsamen Traumlogik" bezeichnet. Weder die Selbsterhöhung des Künstlers noch seine völlige Verdammung, sind das letzte Wort des Autors.

Aschenbachs Tod in Venedig ist ein Symbol dafür, dass alles Künstlertum dem Abgrund und Untergang bestimmt ist. Aus der Perspektive des Gesamtwerks gesehen jedoch muss dies aber bestritten werden. Zwar braucht der Künstler die Todeserfahrung; die Fabel von seinem völligen Untergang ist aber nur Traum, Durchspielen einer Möglichkeit bis zur letzten Konsequenz.

9. Homoerotik

Über die Bedeutung, die der Homoerotik Aschenbachs in der Erzahlung zukommt, ist unterschiedlich zu urteilen. Man muss auf den Hauch des Verworfenen hinweisen, der der Homoerotik in unserer Kultur anhaftet, und aufzeigen, dass sich durch dieses besondere Liebesabenteuer die Fallhöhe, die der früher Makellose durchmisst, noch vergrößert. Zugleich sollte diese Liebe aber auch als Kult höchster Schönheit in menschlicher Form anerkannt werden. Die liebe Aschenbachs zu Tadzio ist kein Mittel des Kontrastes, sondern der Sublimierung: "Es durfte überhaupt keine Frau, kein Mädchen sein, jeder Schatten geschlechtlicher Sinnlichkeit hätte dies träumerisch-sehnsüchtige Zögern vor der Pforte des Todes ins Empfindsame verzerrt.... "

Im Traum vom Dionysos-Fest steigert sich diese Sinnlichkeit sogar bis zur sexuellen Raserei.

Was den autobiographischen Bezug betrifft, so gesteht Mann im "Lebensabriss" freimütig, dass "Tadzio und die Seinen nicht erfunden sind, . . . alles war gegeben, war eigentlich nur einzustellen". Schöne Jünglinge treten auch in anderen Werken Manns auf. Wie bekannt ist, stellen die schönen Jünglinge im Gesamtwerk aber nur eine Minorität gegenüber den vielen schönen weiblichen Gestalten dar.

Das homoerotische Liebeserlebnis Aschenbachs diente Mann nicht nur dazu, das Ausschweifende und Anrüchige des Künstlertums deutlich zu zeigen, sondern ermöglichte auch den natürlichen Übergang zum griechischen Mythos und zur dualistischen Philosophie Platons (schöne Form als Abbild des Vollkommenen).

10. Venedig

Der Schauplatz Venedig wird oft einseitig als Symbol für das Fremde, Unwirkliche und (auf Aschenbach bezogen) Unangemessene gedeutet, als ein Ort, in dessen entnervender Schwüle der kalte Moralist der Leistung nicht existieren kann. Diese Deutung ist nicht ganz falsch, aber sehr einseitig. Trotz des märchenhaften und unwirklichen Charakters ist Venedig für Mann - und damit auch für seinen Künstlerhelden Aschenbach - eine zweite Vaterstadt. Der Dichter ist dort zu Hause.

Venedig ist eine todverbundene Stadt, auch Aschenbach ist, als Künstler todverbunden. Es zieht ihn nach Venedig und hält ihn dort, weil sein Schicksal sich an diesem Ort erfüllen soll. Unangemessen ist Venedig nur dem Moralisten der Leistung. Die Erzählung hatte jedoch gezeigt, dass diese Meisterhaltung Betrug und Narrentum ist.

Venedig wird allerdings auch als romantische Stadt bezeichnet.

Solange Mann dem Künstlertum eine eingeborene Tendenz zum Tod und zum Abgrund zuspricht, hat die Beziehung zur Romantik ihre Gültigkeit; auch die Romantik konnte sich Vollendung und wirkliche Heimat nur im Jenseits des Todes vorstellen. Wie zur Todesverbundenheit des Künstlers nimmt Mann auch zur Romantik im späteren Werk eine kritische Haltung ein.

11. *Aussage*

Der Tod in Venedig ist in erster Linie die nicht ohne kritisch-ironische Distanz erzählte Geschichte einer Existenzvernichtung, eingekleidet in die Geschichte einer Reise ins *»märchenhaftabweichende«* Venedig, die - äußerlich durch eine Nachlässigkeit der Behörden - zu einer Reise in Krankheit und Tod wird. *„Die Sehnsucht"*, so heißt es in der Novelle, *"ist das Ergebnis mangelhafter Erkenntnisse"*. Dieser Sehnsucht fällt der Schriftsteller zum Opfer.

Der Tod in Venedig ist keine Selbstfeier des einzelnen erfolgreichen Künstlers, sondern vor allem eine kritische Darstellung einer solchen Existenzform, eine Parodie hierauf. Zwar trägt der Held der Erzählung stark autobiographische Züge, der Autor distanziert sich aber zugleich von ihm.

Kritik an der Existenzform des Künstlers, dargestellt in einer Erzählhandlung, versteckt hierin - das ist für die Novellistik des jungen Mann kein überraschend neues Thema.

Diese von Thomas Mann bewusst eingesetzte "Verweisungstechnik erst öffnet den Blick auf das eigentliche Geschehen der Erzählung. Während auf der Vordergrundebene ein alternder Künstler sich in einen hübschen Knaben vergafft und an der Cholera stirbt, öffnet die Leitmotivik den Blick auf ein ganz anderes Geschehen: den Sieg des Chaos über die Ordnung der Formlosigkeit über die Würde, der Todesfaszination über die Bürgerlichkeit, des Dionysos über Apoll" (H. Kurzke),

In seiner "Tischrede" nimmt Mann rückblickend zu diesem Thema Stellung. "Wenn ich einen Wunsch für den Nachruhm meines Werkes habe, so ist es der, man möge davon sagen, dass es lebensfreundlich ist, obwohl es vom Tode weiß. Ja, es ist dem Tod verbunden, es weiß von ihm, aber es will dem Leben wohl. Es gibt zweierlei Lebensfreundlichkeit; eine, die vom Tode nichts weiß; die ist recht einfältig und robust, und eine andere, die von ihm weiß, und nur diese, meine ich, hat vollen geistigen Wert. Sie ist die Lebensfreundlichkeit der Künstler, Dichter und Schriftsteller."